Les Fleurs du Mal

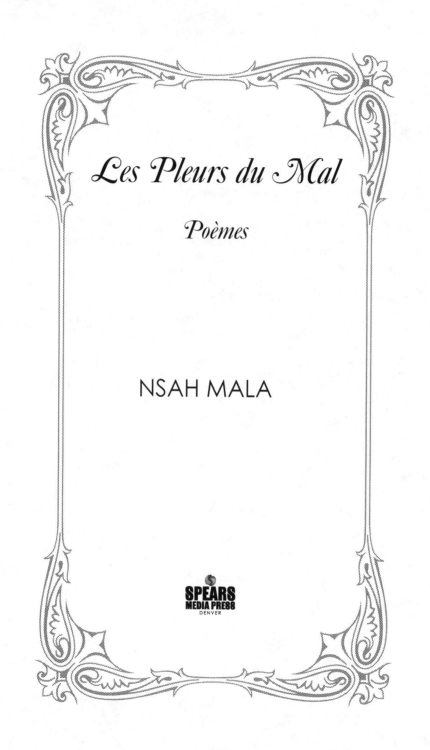

Les Pleurs du Mal

Poèmes

NSAH MALA

SPEARS
MEDIA PRESS
DENVER

Spears Media Press LLC
Denver
7830 W. Alameda Ave, Suite 103-247 Denver, CO 80226
United States of America

First Published in 2019 by Spears Media Press
www.spearsmedia.com
info@spearsmedia.com
Information on this title: www.spearsmedia.com/les-pleurs-du-mal

ISBN: 9781942876465 (Paperback)

Also available in Kindle (eBook)

Book & Cover Design by Spears Media Press

Un homme qui n'est pas capable de vivre pour un idéal,
c'est un homme qui n'est pas capable de vivre.

– Martin Luther King Jr.,
Maison des Esclaves,
Île de Gorée, Sénégal, 1967

PRÉFACE

Nsah Mala (de son vrai nom Kenneth Toah Nsah) est arrivé à Perpignan en septembre 2016 pour son master de littérature comparée dans un prestigieux programme international. Nous l'attendions avec une impatience particulière parce que des problèmes de visa nous faisaient craindre qu'il ne commence son année en retard. Le jeune homme souriant, intelligent et affable qui finit par arriver a tout de suite séduit l'ensemble de notre petite communauté, par son extraordinaire curiosité, son désir d'en savoir toujours plus, ses idées originales et le goût d'une littérature qu'il connaissait et aimait. Lire les poèmes de Nsah Mala, c'est retrouver tout cela et bien plus encore : son Afrique et son Europe, qui ne sont pas les nôtres, forcément. D'abord parce que cet homme serein et gai est aussi un homme en colère, parce que ces textes disent un continent et un pays ruinés par la corruption, un Etat omniprésent et menaçant. Dans leur évocation de l'Afrique, ses textes mêlent poésie et vie de tous les jours, on y rencontre des paysages urbains où l'ordure et la poubelle, une vie confisquée par la puissance politique sont omniprésentes, dans des vers élégants et finement humoristiques.

Sans jamais insister, par petites touches, par images anodines et souriantes, se dessine un monde doux-amer, où la saleté métaphorique est d'abord celle des institutions. C'est alors que surviennent des images d'une violence saisissante d'étudiants assassinés, d'os calcinés, victimes eux aussi de la corruption et d'une dictature qui n'est jamais nommée. Ce qui rend plus saisissant encore, et plus beau, l'hymne au Cameroun, véritable déclaration d'amour qui prétend défendre le pays contre « le rat-voleur » ou « l'épervier » contre cette « Pathologie de la corruption ». La métaphore médicale est partout dans ces pages où la colère se manifeste sans y toucher, où elle s'exprime sur le ton détaché d'une satire que la légèreté apparente des vers rend plus cruelle encore. D'où des images d'une force extraordinaire, comme ce marché halluciné où choléra, paludisme, sida s'achètent, ce monde à l'envers où les malades soignent les médecins et où les malades vont à l'hôpital pour attraper des maladies.

Mais tout n'est pas sombre dans cet univers, et des poèmes disent aussi l'avenir, le reboisement. L'Afrique moderne et triomphante, celle de l'espoir, celle des initiatives de demain avec le YALI de Barak Obama par exemple, celle des écoles qui forment les futurs cadres africains : « Garderez-vous ces flammes du rêve africain comme moi ? » demande Nsah Mala. Le « nous » des bonnes volontés et des jeunes énergies est apostrophé et un bel impératif vibrant est lancé à un lecteur invité à agir dans des vers qui imaginent qu'on peut laisser derrière soi l'héritage de sang et de dictature, d'égoïsme et de guerre : « Rassemblons-nous comme des fourmis pour édifier l'Afrique ! ». En s'adressant à la jeunesse africaine, sa contemporaine, le poète parle aussi aux enfants. Le message est toujours politique, ne s'apaise pas, mais il cesse d'être accablé pour se faire vibration et chant de triomphe.

Si l'Afrique revient toujours, si elle est au cœur de l'œuvre, la voix se fait parfois plus universelle quand Nsah Mala évoque son séjour en France et en Ecosse. Le voilà qui regarde nos sites, nos paysages, et qui y voit autre chose que nous, une rivière dont il déplore qu'elle coule entre deux murs de béton, dont il se réjouit qu'elle s'émancipe enfin ; et alors revient l'Afrique encore et toujours, et l'idée d'une libération nécessaire, et l'eau devient esclave libérée à son tour. L'humour toujours présent, parfois grinçant parfois gracieusement malicieux, est constamment sensible, et c'est une joie pour le lecteur d'ici que de visiter sa vieille Europe à travers ce regard lucide et tendre, qui montre bien comment l'histoire peut se faire visible à Carcassonne ou qui s'amuse qu'à Perpignan les poubelles ne sentent pas, les feux de circulation soient respectés – malgré tout « home is best », s'écrie-t-il dans un rire, dans un de ces poèmes-pépites qui explosent joyeusement. Mais toujours la contemplation de la nature, en France, en Ecosse, ramène au souvenir des sensations africaines au village, dans un subtil aller-retour qui souligne une sensibilité et la finesse d'un regard où la nostalgie fait la part de la colère et du dégoût quand surgit à nouveau le souvenir des corrompus.

Alors revient le « nous » des enfants et de la jeunesse, celui des opprimés, ces ânes par exemples dont, se souvenant de Hugo, il plaint la condition dans un poème qui non seulement inspire la pitié mais aussi évoque de manière charnelle la chaleur sous les sabots, la poussière qu'on respire, le temps qui pèse et fait souffrir. L'humeur se fait amère, les images cruelles, comme quand il se demande où acheter « l'alcool politique » en s'imaginant à la place des puissants jouisseurs s'adressant tranquillement aux familles qu'ils piétinent, quand surgit la tragique et récente actualité camerounaise ou quand il s'amuse à jouer avec la langue Mbesa et le français, donnant aux simples jeux sur les mots une signification grave et profonde.

Le recueil se recommande de Baudelaire, dès le titre bien sûr, qui reflète parfaitement l'esprit de poèmes tristes et drôles, qui ne se prennent jamais complètement au sérieux mais sont toujours émouvants et d'une beauté simple et fière. Dans une très belle reprise d'« Harmonie du soir », à la fin du recueil, la mélancolie baudelairienne fait place à la colère dans un splendide pastiche noir et triste où « L'humanité se noie dans son sang qui se fige ». On en sort tout de même heureux et sûr que, tant qu'elle donnera des poètes comme celui-ci, l'Afrique ne devra pas désespérer.

Nathalie Solomon,
Professeur, Université de Perpignan Via Domitia, France

I- Ne Me Corrompez Pas !

Pathologie de la Corruption

O Cameroun, Berceau de mes ancêtres !
Depuis des décennies,
tu souffres d'une grave infection sociale :
tu te bats sous le poids de la corruption
comme un réfugié sous le fardeau de ses biens !
Où peut-on trouver une solution à cette pathologie ?

O Cameroun, Chère patrie de mes parents !
Depuis des décennies,
tu trembles avec une fièvre sociale
que tu as attrapée de tes propres enfants
comme le serpent mordu par son propre petit.
Où peut-on trouver une solution à cette pathologie ?

Tes enfants,
sans peur,
vendent et achètent les emplois
qu'ils devaient avoir mérités.

Tes enfants,
sans honte,
détournent les biens
qu'ils devaient protéger pour leur bien.

Tes fils et filles,
sans conscience,
goudronnent tes routes sur les papiers,
augmentant les accidents.

Tes fils et filles,
sans réflexions,

volent l'argent des contribuables
et augmentant la pauvreté.

(Mbankolo, 20 juin 2015)

Les Servants de l'État

Ils sont nommés ministres
ces hommes aux actes sinistres
qui refusent d'administrer
pour le bonheur des administrés.

Mais qui les nomme ?
Qui les nomme sans
s'assurer la présence des cent
organes de leurs consciences ? Qui les nomme ?

Savent-ils que ministre veut dire
servant de l'État ? Qu'il veut dire
esclave de son peuple et non
escroc ? Aiment-ils cette Patrie ? Non.

Quand ces hommes commettent des vols
dans les caisses de ce village,
et quand ils entretiennent des envols
vers Paris, plongeant ce village

dans la misère et la confusion,
qui doit assumer le blâme ?
Dans l'effort de tirer la conclusion,
Nous nous trouvons devant les flammes

de la confusion présidentielle
au moment de ses nominations.
Qui les nomme ?
Qui les nomme ?
Toi, moi ou la décision officielle ?
Nous voici dans une tombe, la Nation

enterrée dans la misère... Mais qui les nomme ?

(Mbankolo, 14 août 2012)

Les Larmes de l'encre

Mon encre ne cesse de pleurer,
grattant des feuilles en versant des larmes.
L'encre de mes stylos ne peut que déplorer
la misère artificielle de notre pays. L'âme
de notre patrie sous l'emprise
des voleurs-dirigeants qui nous cajolent
et nous blessent à la fois. Plus l'emprise
nous rend pauvres, plus ils nous enjôlent

pendant les campagnes électorales.
Mon encre pleure inlassablement,
suivant les tambours de ces campagnes mémorables.

Des larmes amères sont aussi versées
pour les ordures jetées dans nos rues.
Garde aux rivières originaires de ces versets !

(Mbankolo, 15 août 2012)

Les Musées psychologiques

Dans les chambres de mon esprit
sont logés des musées psychologiques ;
Je porte des archives collectives dans ma boîte
pour des héros et des patrimoines oubliés.

Contre toutes menaces, ils sont gravés dans ma mémoire :
livres, photos et effigies interdites ; jeunes et vieux assassinés.
Les écoliers défilant avec les effigies d'Ahidjo et Foncha ;
avec des photos de Ouandji et Jua, de Fonlon et Beti...

Voici les os brûlés des jeunes étudiants éteints lors des grèves.
Livres interdits, brûlés, et enterrés avec leurs auteurs
comme des esclaves accompagnaient les rois et reines d'hier.
Soldats tombés au nord—Kolofata-Futokol—sans annonce
publique !

Sont rangées des statues miniatures des combattants de la
corruption,
jetés dans l'oubli par les défenseurs du détournement et du
tribalisme.
Braves hommes et femmes empoisonnés et éteints dans le noir
à cause de leurs conseils et leurs demandes de démission...

(Mbankolo, 18 février 2015)

Si nous aimons le Cameroun

Si nous aimons le Cameroun,
nous le garderons comme
le kangourou garde son bébé.
Si nous aimons le Cameroun,
nous ne détournerons point
ses biens comme le rat-voleur.

Si nous aimons le Cameroun,
combattons nos ennemis comme
la poule combat l'épervier.
Si nous aimons le Cameroun,
nettoyons nos rues comme
les girafes qui se nettoient avec orgueil.

Si nous aimons le Cameroun,
combattons la corruption comme
les médecins l'Ébola.
Si nous aimons le Cameroun,
ne nous discriminons point comme
les anges et les diables.

Si nous aimons le Cameroun,
respectons nos identités historiques
comme un polygame respecte ses femmes.

Si nous aimons le Cameroun,
rentrons sur les deux piliers
de notre maison familiale initiale.

(Mbankolo & Perpignan, 7 mars 2015 & 16 août 2017)

Marché mondial des maladies !

Venez m'accompagner !
Allons au C.H.U. de la capitale,
Le marché mondial des maladies !
Allons acheter le choléra
Dans les toilettes qui vomissent les selles !
Allons acheter le paludisme
Dans les eaux stagnantes de la cour !
Allons acheter le Sida
Dans les déchets non désinfectés !
Allons acheter la folie
Dans les sacs de la corruption et de l'orgueil !

Venez m'accompagner !
Allons au C.H.U. de la capitale,
L'arène des valeurs renversées !
Allons soigner les docteurs
Infectés par la négligence administrative !
Allons vacciner les infirmiers
Grippés par la pauvreté et les ordures !
Allons sauver les femmes enceintes
Accouchant sur des lits cassés, sans matelas ni draps !
Allons calmer les employés
En grève pour améliorer leurs conditions de travail !

Voyez-vous ce centre hospitalier universitaire ?
C'est ici notre marché mondial des maladies !
C'est ici que les malades soignent les médecins !
C'est ici que les malades attrapent plus de maladies !
C'est ici que la culture de l'insalubrité est acquise !

(Mbankolo, 20 juin 2015)

Où vend-on l'alcool politique ?
(*Pour la journée mondiale du livre 2017*)

Famille, j'ai besoin d'une information ;
aidez-moi votre frère. Au secours !
Où vend-on l'alcool politique chez nous ?
Je veux ce qui rend sucré le pouvoir
pour que je puisse oublier mes devoirs.
Je veux ce qui est fort comme afofo ;
ce qui permet d'adorer les bouts de papiers
sur lesquels la gomme d'égoïsme passe
sans cesse ; ce qui permet de protéger
les morceaux d'habits en écrasant les humains
comme on écrase le couscous au village.
Je veux aussi les sachets du Lion d'or.

Famille, moi aussi j'adore l'ivresse fabriquée !
Je veux sourire sur mon fauteuil en or –
où vous allez me coller à l'aide du scotch –
pendant qu'il vous manquera de l'eau comme
au Sahara. Aidez-moi à voir la boue à la télé,
car mes enfants veulent la voir aussi –
nous sommes toujours dans les avions et les limos
et la boue nous manque tellement, famille !
Je veux boire plusieurs casiers pour pouvoir
bien rire quand vous descendez pousser les cars
qui glissent sur les montagnes en ville.
Je veux boire pour oublier quand je dois quitter...

Aidez-moi à boire, famille, même le sha !
Famille, j'adore le vieux matango aussi !
Même, le bilibili, je peux le boire
pour bien vous piétiner sans voir.

(St Andrews, 2 mars 2017)

9

Si les Choses parlaient

Ne mentionne pas aux grands-là
que les eaux parleront bientôt,
sauf si tu veux qu'ils se suicident.

Surtout, ne mentionne pas aux grands-là
que les eaux de la Sanaga vomiront leurs secrets,
sauf si tu veux voir vides leurs chaises en or.

Ne mentionne pas aux grands-là
que les herbes près du lac central murmurent,
sauf si tu veux voir de vraies noyades.

Ne mentionne pas aux grands-là
que nos poissons parlent déjà,
sauf si tu veux la mort de ceux qui ont jeté Balla.

(St Andrews, 9 juin 2017)

L'Heure de Dieu sonné

Au commencement, était la parole :
Et vous allez faire quoi ?
Rien, son X-cellence,
sauf que les mégabytes
répondront à notre place !
Quand Dieu veut humilier
des individus, même l'eau à boire
peut leur bloquer la gorge ! Haha !
Le grand-oiseau a secoué plusieurs !
Cette fois-ci, un tremblement électronique
va détrôner les patriarches traitres
afin de purger le village commun !
A la fin, était la désolation :
l'insolence ne pouvait cacher les trucs !

(St Andrews, 4 janvier 2018)

Triangle de la mort

Les oiseaux métalliques s'envolent en l'air ;
ils urinent les bombes au-dessous :
sur les cases du village,
sur les vieilles mamans
penchées sur leurs bâtons,
les arbres de paix en main.
Le chef en est courant !
Ainsi va mon village !
Lorsque le chien tue
ses propres chiots,
la lune doit
être rouge.
C'est la
fin.

(St Andrews, 4 janvier 2018)

L'Évangile de Jean-Paul

Jean, va prêcher la repentance
politique ; annonce la jeunesse noire.
Cette jeunesse remplie de talents,
mais plongée dans le noir de l'égoïsme.
Cette jeunesse pleine d'énergie,
mais nourrissant les poissons
de la Méditerranée,
fuyant vos règnes interminables.
Ces règnes aussi
longs comme le Nil !
Paul, décolle ces fesses
collées sur notre trône.
Arrête de devenir Saul.
Pourquoi décevoir nos progénitures ?
Tu prêches que l'avenir leur appartient,
mais ne cesse de reporter
leurs demains, leurs lendemains.
Arrête d'assassiner leurs rêves
avec tes couteaux mensongers.
Vont-ils assumer le pouvoir dans
ces fosses communes
réservées à ceux qui caressent le trône ?

(St Andrews, 4 janvier 2018)

L'Amour du pouvoir

Car le Tyran a tant aimé le pouvoir
qu'il a confisqué le trône
afin que personne d'autre ne puisse goûter
au sucre des détournements,
au bonheur des biens mal-acquis ;
afin que personne d'autre ne puisse libérer
le peuple de l'emprise de la boue,
le peuple de la malédiction des slogans ;
afin que personne d'autre ne puisse sortir
le village du trou poussiéreux,
le village du noir politique.
Il a creusé les fosses communes
dans le ventre de la Terre,
cette Terre qui vomira les révolutionnaires
quand les asticots envahiront tout le village !

(St Andrews, 4 janvier 2018)

Fleuve irréversible

Au lieu d'être un océan où
nos idées peuvent couler comme
les vagues dans tous les sens,
cette bonne idée est devenue
un fleuve coulant à sens unique :
tout le monde doit emprunter
la pirogue du vieux roi
et couler vers ses mers,
cherchant des poissons et des crabes,
pour lui et sa famille seulement.
Tant pis pour quiconque
veut aller à l'inverse ici :
la famille royale et les notables-voleurs
invitent les artistes au palais
pour le peindre en noir comme
le diable qui veut détruire le village.
Personne ne peut aimer ce village comme
le roi et sa famille, mais leurs maïs sont
stockés chez nos voisins lointains.
Attention à la forêt noire pour les têtus !

(St Andrews, 13 mars 2017)

II – Vivre Sans Etre Libre ?

Larmes pour cette génération

Mes larmes pour cette génération
inondent les vallées sèches
comme les pluies tristes et enragées
du Cameroun septentrional.
Génération maudite ! Génération à poly-problèmes !
Où sont les parents pour vous pleurer,
fils et filles du néocolonialisme ?

Victimes d'un libertinage de loin
emballé comme un nouveau-né
dans les draps de l'immoralité !
La grossesse de Mère Terre enfantera
pour vous et moi des bébés jamais-vus :
plus de maladies incurables, plus de sécheresses,
plus de tremblements, plus de folies démon-craziques.

Ma pitié pour cette innocente génération corrompue
bout indéfiniment dans les marmites de mon fond,
provoquant calmement des rivières de larmes.
Pouvons-nous plonger ce chômage vieillissant
dans ces nouveaux problèmes ?
Peut-être que la mondialisation produira
des solutions virales et sporadiques !

Mais, combien de problèmes
peuvent accoucher de solutions aux problèmes ?
J'attends vos réponses en versant inlassablement
ces larmes qui coulent à travers les vallées du stress
sur mon jeune et vieux visage
qui ne cesse et ne prend aucun congé
dans la contemplation infinie de nos défis…

(Mbankolo, 7 mars 2015)

Les Pleurs du mal

Écoutez les pleurs pitoyables
émis dans le royaume du mal !
Le roi des ténèbres déplore l'invasion
non-averti de son royaume
par les vendeurs des nouveaux maux
qui nous plongent dans les inconnus.
Dans cette libre liberté,
l'humanité vide les réservoirs du mal.

Satan et ses disciples invisibles
se plaignent en pleurant
comme des bébés orphelins
privés du lait maternel par la mort.
Les émissaires du mal
ne comprennent plus leurs messages
dans le bruit de la gourmandise vicieuse,
dans la musique chaotique de la fin.

L'Homme affamé du mal
vide les banques du mal
comme un écolier affamé
qui vide les marmites au sortir des cours.
Le créateur du mal pourrait-il un jour
se fatiguer de fabriquer des fléaux ?
Peut-être, car le mal n'est plus à l'aise face au mal.
Notre prière ?

(Mbankolo, 7 mars 2015)

Dans quel camp ?
(*Pour tout lieu de violence*)

Ces tueries cesseront quand ?
Car tu restes dans l'autre camp !
Le camp des mensonges !
De l'égoïsme !
De l'indifférence !
L'autre camp pousse sur les sols
Arrosés par les eaux couleur sang, sans vol,
Qui coulent des montagnes humaines.
Ecoute-moi, confrère, pour notre sécurité !
La seule vérité, c'est l'humanité.
Le monde ne progressera pas avec l'individualité.
Celui sur qui tu tires là est ton prochain.
Tu ne l'aimes plus, ton prochain ?
Ce n'est pas une chienne ou un chien.
Comme c'est absurde pour quelqu'un
De faire du carburant humain un bain !

(Perpignan, 25 décembre 2016)

La Femme

Être femme, c'est permettre
aux autres humains d'être.
La femme est l'adjointe à Dieu,
le potier talentueux des cieux.
C'est elle qui se laisse déchirer
afin que l'humanité puisse respirer.
Les hommes ne sont pas inutiles
car nous sommes tous utiles.
Ils sont comme les déclencheurs,
les émissaires du Grand Créateur.
Être femme, c'est se rassurer des autres,
même à cette époque du choisir-être.

(Perpignan, 17 août 2017)

Un Chauffeur aveugle

La personne qui refuse l'humanité aux autres,
ou celle qui est une pierre aux sentiments des autres,
est un aveugle dangereux, sans sa canne blanche.
Pour les constructeurs des murs, c'est une planche.
Il lui faut plutôt une canne rouge. Mais ne pensez
pas au rouge du sang ; c'est le rouge du danger.
Il faut que nous nous méfiions de ce chauffeur
sur l'autoroute humaine : il brûle comme un feu.

(The Burn House, Edzell, 22 avril 2017)

Arbre sans branches

L'Homme mérite d'être libre.
Mais vidé de la moralité
et de l'amour en fraternité,
il devient un atome qui ne vibre.
Il devient un arbre sans branches,
sous lequel il n'y a ni refuge ni confort.
Il devient un ruisseau devant lequel on a soif.
Et nous voici déjà sur ce chemin !

(The Burn House, Edzell, 23 avril 2017)

La Liberté

La liberté
est un serpent à deux têtes
dont l'excès peut rendre bête
et priver d'éternité.

Elle est nécessaire
comme l'air, comme l'eau.
Epicée de moralité, elle chasse les maux
sans devenir notre propre adversaire.

(St Andrews, 5 juillet 2017)

Face aux Crises

Sur-mesurer la liberté,
c'est du poison pour l'humanité.
Avec nos crimes contre l'environnement,
pourrons-nous échapper au jugement ?
Notre avenir n'est plus clair ;
nos cieux sont couverts de nuages nucléaires.
Maintenant, même ceux qui vivent à l'étranger
sont attrapés par les dents diaboliques du danger.
Car, chaque jour, les couteaux et les bombes
ravagent comme les cyclones, augmentant les tombes.
Inondés par l'immoralité, surpris par de multiples crises,
aveuglés par le capitalisme, comment sortir de ces crises ?
Mais si nous retournons à notre bon Dieu,
Il nous pardonnera et tout ira mieux.

(Perpignan, 13 août 2017)

La Sécurité
(Pour l'Évêque Balla)

La sécurité
c'est quand les bataillons armés
gardent un cadavre étranglé dans
l'insécurité.

La sécurité
c'est quand les loups secouent les queues vers les tombes,
mais ne peuvent pas tracer l'abattoir de
l'obscurité.

La sécurité
c'est quand nous gaspillons afin d'embaucher des chirurgiens
pour bander les blessures d'une invisible
atrocité.

(Perpignan, 2 août 2017)

Dans les mains du doute

Dans les mains des populistes
sept milliards et plus d'âmes ?
C'est un suicide qu'on entame.
Sous la charge de ces propagandistes
nous sommes un panier d'œufs
placé sur le chemin des bœufs.
Confier notre survie à ces individus
c'est envoyer des enfants avec du feu
pendant la saison sèche, c'est ça un peu.
C'est aussi embrasser un avenir inconnu.
Ils rigolent et sourient devant les armes
sans regret ni remords pour nos larmes.
Nos vies sont déjà des jouets d'enfants
pendant que les fusils fixent nos yeux.
Les sons du danger font trembler tout lieu,
la catastrophe avance comme un éléphant.
Les animaux et les plantes sont protégés,
mais la fabrication des armes est augmentée.

(Perpignan, 17 août 2017)

III – Jeune Afrique, Nouvelle Afrique ?

Les YALI Dakar à Saly

Le fils de l'Afrique Obama a eu un rêve
Qui réduira chez nous Africains les grèves
Qui changera ce continent pauvre et riche
Riche en ressources, pauvre en politiques
Riche en diversité, pauvre en solidarité…

Les flammes de ce rêve brisent toutes barrières
En même temps qu'elles cuisent nos carrières
Nous réunissant autour des passions communes
Les passions d'entreprenariat pour le bien social
Les passions de gestion publique pour le bien social

Aujourd'hui et ici, nous célébrons la naissance
D'un centre régional pour notre propre croissance
La croissance de l'Afrique Lusophone et Francophone
La croissance de ce continent du présent et du futur
Avec YALI Dakar, nos rêves et aspirations sont sûrs

Nous célébrons YALI Dakar qui a tamisé nos candidatures
Comme nous tamisons la farine pour notre nourriture
Nous proclamons ce centre de leadership par excellence
Sous la coordination du Baobab Omar Touré et son entourage
Un entourage du leadership exemplaire qui nous encourage.

Une fois au CESAG—le temple des connaissances pratiques
Ils nous ont conduit vers des voyages et retraites fantastiques
Nous permettant d'ouvrir nos intérieurs aux plages de l'océan
Menant des activités énergétiques et motivationnelles
S'engageant dans des réflexions collectives et personnelles

C'est ainsi que YALI Dakar s'est retrouvé à Saly
Après avoir admiré les bonnes routes du pays de Macky
Charrettes et voitures tour-à-tour au service de l'humanité
Pour écouter nos voix internes dans le calme et la sérénité
Et puiser la sagesse de nos ancêtres pour une Afrique d'éterni-
té

Nous voici une fois de plus au CESAG, au centre d'excellence
Pour maintenir les flammes YALI et renforcer nos compé-
tences
Afin de bâtir une Afrique unie, nouvelle, prospère et pacifique
Suivez-vous ces voix de Senghor et de Mandela comme moi ?
Garderez-vous ces flammes du rêve africain comme moi ?

(Dakar, 2 juin 2016)

Un Début dans la fin en Afrique

YALI Dakar, pour l'Afrique, est une fin ;
Car nous enterrons notre passé blessé :
Ce passé turbulent entre dans sa tombe enfin.
Nos blessures d'hier sont déjà soignées
Par la reconnaissance de nos faiblesses
Que nous transformons en atouts.

Nettoyons notre mémoire collective africaine !
Versons la poussière d'amour sur le sang
Des batailles du passé ! Oublions les chaînes
De l'esclavage, les chaînes de l'Île de Gorée !
Plions les pages ornées de cadavres humains !
Protégeons nos yeux contre conflits et misères !

Durant notre pèlerinage de transformation à Dakar,
Nous avons puisé les compétences et la sagesse
Qu'il faudra pour une renaissance en Afrique.
Parfois les températures de nos débats ont été élevées
Mais les ventilateurs de notre vision unique les ont refroidies.
La collision de nos idées ayant donné naissance à une forte
unité

Pendant cette retraite d'engagement commun
Nous avons tissé les liens dont l'absence expliquait
Les avortements d'un véritable Panafricanisme.
Des fois, la fatigue et le sommeil ont voulu nous distraire
Mais les cloches du changement et les voix de nos ancêtres
Et les cris de nos futurs enfants nous ont gardés en éveil.

YALI Dakar, pour l'Afrique, est un début !
Car nous semons les semences d'une nouvelle ère.

Barrons les voies à la sécheresse idéologique du passé
En arrosant nos nouvelles semences avec l'eau d'amour !
Rassemblons-nous comme des fourmis pour édifier l'Afrique !
Couvrons les faiblesses des uns par les forces des autres !

Jeunes leaders africains, suivons les pas de la fraternité !
Laissons triompher partout dans notre continent la vérité !
Trempons les erreurs de notre passé dans l'eau de compassion !
Pulvérisons les guerres et famines passées avec de fortes
visions !
Sœurs et frères, poursuivons sans relâche ces visions jusqu'au
bout !
Pas de sang ! Pas de guerre ! Mais poursuivons-les comme
des fous !

Nous proclamons la fin des intérêts personnels.
Nous refusons de participer au marché de l'égoïsme.
Mais n'allons pas les mains vides au marché des cultures ;
Ne bradons pas nos valeurs à la faveur de celles d'ailleurs !
Les postes politiques échangés pour nos ressources et
consciences
Ne peuvent égaler la défense sincère de nos aspirations collec-
tives.

Comme Martin Luther King, je rêve pour notre Afrique :
Je vois des leaders qui sillonnent nos villes et villages !
Des leaders qui ne sont plus touristes et ambassadeurs chez
nous :
Des leaders qui ne résident pas dans les avions ; qui restent
chez nous.
J'entends des cris célébrant la fin des mutilations constitution-
nelles.
Je danse au rythme des balafons de la réconciliation avec notre
destin :
Passé, présent et futur ;

et je prophétise le début d'une fin en Afrique !

(Dakar, 25 & 27 juin 2016)

L'Afrique de demain

Je suis enfant aujourd'hui ; un jour je serai adulte enfin.
Venir à l'école, c'est mon droit ;
Apprendre la discipline, c'est mon devoir.
Je dois à mes encadreurs le même respect
Que je réserve à mes parents et à mes amis.
Le respect est mutuel, il va dans deux sens comme ça :
Je te respecte ; tu me respectes.
Tu me respectes ; je te respecte.
Tu es toi et je suis moi ;
Mais nous sommes tous un :
Car nous sommes tous humains.

Le monde compte sur toi et moi ;
L'Afrique compte sur toi et moi ;
La société humaine compte sur toi et moi ;
Pour son développement ;
Pour la paix et la sécurité.
Disons non à la terreur ;
Et disons oui au travail et à l'amour !

(Dakar, 23 juin 2016)

Enfants, ayons des grands rêves !

Les enfants, rêvons grand pour le monde !
Tout sur la Terre a commencé comme un rêve ;
Même Dieu nous a vus dans ses rêves,
Avant de nous créer pour habiter ce monde.

Ayons le courage d'imaginer de meilleurs avenirs !
Soyons les Tony Elumelu et Bill Gates de demain,
Évitons la guerre & la terreur aujourd'hui et demain.
Dans la paix, laissons au monde de bons souvenirs !

Rêver et imaginer positivement ne coûtent rien.
Inventons donc des choses et des idées pour la postérité ;
Mais n'osons jamais créer ce qui peut détruire l'humanité !
Ainsi donc, rêver et imaginer feront pour nous du bien.

Ne détruisons point la magnifique œuvre de Dieu :
l'environnement !
Œuvrons pour qu'entre Humains et Nature il y ait équilibre !
Avec l'environnement, les agneaux et les bébés, vivons verts et
libres !
Planter les Arbres et aimer les Humains c'est notre épanoui-
ssement.

(Dakar, 27 juin 2016)

La Charité commence ici

Oui, nous ne sommes pas à vendre.
Vomissons tout dans nos ventres.
Exposons cette génération de cendres.
Mais Dieu, mais Seigneur, prends pitié
de ceux ignorant les tueries à proximité,
voyant seulement en Libye les cruautés.
Pardonne tous ceux qui abandonnent
des mamans rôties ici ; qui condamnent
loin des pratiques qui ne sont pas bonnes.

(St Andrews, 19 novembre 2017)

IV- Le Stylo Qui Nettoie, Le Stylo Vert

De belles Poubelles

Cette merveilleuse création de Poubelle
est destinée à rendre nos villes belles.
De la poubelle est enfantée la meilleure idée
devant nous servir et aider à vider
ces ordures envahissant les rues
camerounaises. Quelle idée bien conçue !
Les poubelles doivent être pleines et sales
au profit de notre propreté, pas de salles sales.

Mais aujourd'hui au Cameroun, nos poubelles
HYSACAM sont souvent vides et propres
alors que les maisons, les bureaux
et les rues sont inondés par des ordures :
bouteilles vides, épluchures de bananes et de mangues,
sacs plastiques, bébés avortés, cartons usés…

(Mbankolo, 19 août 2012)

Les tapis non désirés

Au campus de Yaoundé 1, je quémande le salut
intellectuel, des ordures souriantes saluent
mes efforts. Ces vieux amphithéâtres
sont tapissés d'épluchures et de poussière pour les théâtres.

J'entre dans les ministères, la poussière et les sacs plastiques
usés m'accueillent en chants fantastiques.
Les chasseurs de dossiers et les fonctionnaires sont
rivaux du mal qu'ils font.

Sur nos autoroutes, les piétons, les chauffards
et les passagers tapissent les routes d'ordures. Ces chauffards
comme des aveugles endeuillés
finissent par nous endeuiller.

Voici les dépouilles mortelles de ces désordres routiers,
allongées dans ces maisons pleines de poussière
où les enfants apprennent à ne pas utiliser
ces poubelles HYSACAM destinées à être utilisées.

En m'éloignant de ces tapis non désirés, je quête
le salut divin, mais on m'invite aux multiples quêtes
des abbés. Voilà que je me suis demandé
pourquoi les églises sont aussi sales. Je ne peux que me de-
mander.

(Mbankolo, 22 août 2012)

41

Le Combat vert

Voici alignés les soldats solides
prêts au combat vert ;
plantes en mains pour reboiser,
menottes en mains pour les rebelles écologiques !

Le soleil tropical sourit sur ces soldats verts ;
les pluies ancestrales arrosent ces braves hommes et femmes,
qui tombent sur le champ vert de cette bataille verte
à la quête d'une planète vertement habitable.

Une fois tombés, disparaissent les violeurs insensés
de la virginité environnementale !
Les oiseaux contents chantent les chants de la victoire verte
pendant que les branches des arbres applaudissent dans la joie.

Suivez les rythmes des jeunes fleuves
nées sur des collines reboisées par amour écologique !
Dans les vallées vibrent encore les échos musicaux verts,
célébrant Wangari Maathai et tout autre combattant vert.

(Mbankolo, 7 mars 2015)

42

Écoutez-nous, disent les ânes
(*Pour les ânes de Dakar et ailleurs*)

Écoutez-nous les êtres humains ;
Pour vous nous œuvrons dans tout domaine.
Mais vous ne nous comprenez jamais ;
Il faudra nous écouter et nous respecter désormais.
Sous le soleil et sous la pluie, nous souffrons
Pour vous ; comme des esclaves, la sueur au front.
Nos pieds sont durs, ressemblant aux pierres,
Mais n'en sont pas. Suivez au moins nos prières.
Vous nous faites marcher sur le goudron chaque jour
Et nous perdons les souliers de nos pieds toujours.
Le goudron écrase nos pieds en poudre dans le sable,
Et de cette injustice vous êtes coupables.
Vous nous laissez sous le soleil, de grosses charrettes
Sur nos dos, parfois pour aller boire et fumer vos cigarettes,
Et à nous de nous rassasier de poussière et de rien
Bien que ces bagages sur nos dos soient pour votre bien.
Merci de dire que des âmes nous n'en possédons point !
Nos pleurs et nos cris, vous ne les comprenez point !
Notre bruit est un vrai silence pour vous, n'est-ce pas ?
Quand vous bredouillez entre vous, nous ne comprenons pas !
Vous nous transférez comme des prisonniers au ventre de la
nuit.
Nos activités oisives et rendez-vous de la journée dans la nuit ?
Merci de ne plus compter nos âges sur les mains de vos hor-
loges ;
Notre monde n'a pas d'heures, nous comptons l'âge en éloges !

(Perpignan, 13 novembre 2016)

43

La Nature en prison

Dans un bus de l'UPVD pour Castillet, j'ai vu
Ce que plusieurs, se dépêchant, n'ont pas vu.
Mes yeux, dans la curiosité, ont constaté
L'emprisonnement de la nature par nous causé.

Ici, pendant que les humains se baladent librement,
Voici un fleuve obligé de ne couler que silencieusement.
À l'aide du ciment, on a refusé à ce fleuve la liberté
De creuser ses murs pour se nourrir en fierté.

Avec ces murs aussi durs que ceux d'une prison,
Je wanda par où les poissons pondent en saison !
Avec ces conditions d'incarcération des eaux,
Je wanda comment vivent les habitants de l'eau !

Heureusement, çà et là, ces murs vieillissent,
Et, pour le bonheur de l'eau et ses habitants, s'écroulent.
L'homme de race inconnue dont la statue est en bordure,
Peut-il raconter les peines de ces eaux si son langage était
entendu ?

Nous avons colonisé ce fleuve comme l'Afrique noire
Pour gagner la terre, or c'est lui qu'il faut boire.
Ce fleuve que nous avons soumis à l'esclavage
Est-il symbole de nos frères qui ont subi l'esclavage ?

(Perpignan, 16 & 17 septembre 2016)

44

La Plainte des arbres

Nous sommes des arbres.
Nous aimons vos maisons en marbres.
Nous vous aidons à meubler vos bâtiments,
mais ne nous prenez plus pour des sans-sentiments.
Quand vous nous abattez sans pitié, c'est l'arbrecide.
Nous le détestons comme vous détestez le génocide.
Utilisez-nous avec prudence !
Traitez-nous avec révérence !

(The Burn House, Edzell, 22 avril 2017)

Je vois les ailes d'un avion

Les plumes des oiseaux, j'aime les rassembler
pour me souvenir des nchinda dans mon village.
En plus, pour les oiseaux, je lutte contre le pillage.
Les plumes en main, je vois les ailes d'avion et je suis comblé.
Branches et sols pour aéroports, leurs décollages
me laissent fasciné par Dieu comme leurs atterrissages.
Quand ils tissent leurs nids artistiques et s'accouplent,
la honte m'envahit si jamais je pense quitter mon couple.

Mais aujourd'hui, je suis inondé par la tristesse
parce que j'ai vu le cadavre d'un oiseau
sur une route humaine, écrasé en partie.
Pourquoi personne n'a enterré ce bel oiseau ?
Qui l'a tué ? Qui l'a vu en premier ? Oiseaux ou humains ?
Ont-ils versé des larmes lorsqu'il a rendu l'âme ?

(The Burn House, Edzell, 23 avril 2017)

Compagnons de vie

Parfois, je cherche des souris,
car je ne suis pas seule dans la cité.
Lorsqu'ils volent et fuirent, je souris.
La Terre n'est pas seulement pour l'humanité.
Parfois ils nous chassent du lit, les fourmis,
mais la Nature nous oblige en amitié.
Lorsqu'ils ramassent nos ordures, on peut bien dormir,
car on ne tombe pas malade loin des saletés.

(Santiago de Compostela, 25 février 2018)

V – Conversations Avec Nous et Les Autres

Après le travail au village

Boire de l'eau fraiche, je veux,
Dans une grande feuille de taro
A côté de notre champ ; je peux
Puiser dans la petite rivière au bord
Du champ de ma chère mère ;
Mes pieds nus plongés dans
Ces eaux me faisant trembler comme la terre
Alors que le courant froid monte jusqu'aux dents.

Après une longue journée débroussant
Parmi les tiges du maïs frais,
Je veux laisser la rivière laver mes jambes
Comme elle lave celles de ses poissons
Avant que je ne charge sur ma tête
Mon bois ou mon maïs ou mes pommes de terre.

(St Andrews, 9 juin 2017)

À cause de mon habit sénégalais ?

Friday 16-09-16, I am rushing
Pour attraper le bus pour Castillet,
Adorned in my Senegalese shirt,
Then I see some Oyibo-man,
Probablement souffrant—
Maybe from drug abuse or alcohol or else—
And yi tell me say :
« C'est la France ici eeh, ce n'est pas le Congo ! »

Ma fa kele ehli se whein bomta ve vi France ijim.
Mes oreilles sont des roches pour de telles personnes,
Who are as scarce as dust in the dry season.
Five minutes no pass sef, yi circle bus stop
Plus de cinq good times, cherchant, I think,
The tortoise's missing stone.
If some person call you say black, no mind yi ya !
Le sang a une seule couleur, malgré le teint !

Na for seeka my black colour?
C'est à cause de mon habit sénégalais ?
Aneng bomta ma lo a Africa?
Peu importe, we're all ONE!
We all have known birth places,
Mais personne ne sait où vivre
Or where they shall die
Parce que le monde est rond comme une calebasse !

(Perpignan, 17 septembre 2016)

Yaoundé ≠ Perpignan

À Yaoundé, les gens divorcent
Avec les poubelles et les sacs à ordures ;
Et les ordures dansent et chantent presque partout.
À Perpignan, le mariage peuple-poubelles
Est bien compatible ; pas d'ordures aux alentours.
Ainsi, la vie est belle, faut pas compliquer !
Mais, home is best !

À Yaoundé, souvent,
je vois mes frères chauffeurs
griller les feux de circulation,
en pleine journée. Les passages piétons
sont plutôt des pièges-piétons
posés dans une anarchie adorable !
Plusieurs conducteurs les oublient
comme des moutons.

À Perpignan, mes frères chauffeurs
respectent ces feux comme les dix commandements
même dans la nuit. Sur leurs passages ?
Les piétons sont rois, en pleine sécurité ;
voici les chauffeurs souriants
qui s'arrêtent pour céder le passage à ces rois.
Ainsi, la vie est belle, faut pas compliquer !
Mais, home is best !

(Perpignan, 18 septembre 2016)

Où est ça ? = Que quoi ?

En langue Mbesa,
'où est ça ?'
se dit '*ke kwa* ?'
comme le français 'que quoi ?'
lorsqu'on n'a pas bien entendu
et que l'on n'a même pas répondu.

(The Burn House, Edzell, 22 avril 2017)

Tu as peur ? Oui.

En langue Mbesa, quand on a peur—
quand on se retrouve brusquement
face à un danger, on s'exclame 'wii !'
alors qu'en français, quand on peut
affirmer ou faire quelque chose sûrement,
on répond par 'oui.'

(The Burn House, Edzell, 22 avril 2017)

Une Randonnée à Edzell

Affamés par la curiosité durant la retraite d'écriture,
nous décidons d'entreprendre une aventure
dans la forêt d'Edzell, le long d'une petite rivière.
Nous oublions toutes choses pour le soir, même la bière.
Partis ensemble, la vitesse nous divise en deux groupes
qui vont sillonner cette forêt comme des troupes.
Les eaux qui serpentent dans la vallée au-dessous,
dans une descente éternelle, sont une merveille pour nous
qui sommes mortels. Les cailloux, avec leurs têtes
sans cheveux, restent sur place, semblant insensés aux fêtes
annoncées par les frottements des vagues contre eux
et à la musique mélodique des oiseaux sans peur.
Les arbres sont sur place, mais se ressemblent.
Les montagnes d'ici et de chez moi se ressemblent.
Les arbres sont-ils sur place ? Leurs feuilles nous suivent
comme les montagnes vertes qui nous font signe.

(The Burn House, Edzell, 23 avril 2017)

La Retraite à Burn House

J'écris, laissant des traces comme un avion dans l'air.
J'écoute les autres lire, écrire, rire …
Je bois aussi mon thé, ce thé qui caresse ma bouche.
Derrière nous, le feu anime doucement le four.
Et je vois, à travers les océans, mon village natal
où ma mère, mes frères et moi nous asseyions autour du four
pour cuisiner le couscous, braiser le maïs, manger et discuter.

(The Burn House, Edzell, 23 avril 2017)

Visite à Carcassonne

Carca a sonné
A mes oreilles curieuses
Et mes pieds ont accepté.
Pour moi toute chose était sérieuse :
Chapelles et bâtiments plus vieux que Jésus,
Fleuves qui ont été chassés de leurs chemins,
Murs sur lesquels les cochons ont été jetés
Fronts de guerre, meurtres religieux, royaumes,
Statues acéphales de Marie…
Narbonne nous voici !
Pont de la liberté, palais des évêques
Comme les palais royaux de mon pays natal
Statues des évêques décapitées, reliques des guerres
Et je pose mes pieds sur les pieds-savants de Jésus
C'est la voie domitia !

Yeux et oreilles ne respectent point de barrières ;
Ils traversent des époques et des océans,
Dévoilant des secrets, reliant les générations
Comme les ponts relient les communautés.
C'est la danse Bafia de l'humanité !

(Bayreuth, 28 octobre 2016)

Correspondances
(Conversation avec Baudelaire)

La Nature devient un temple où de vivants piliers
laissent toujours sortir de mauvaises habitudes ;
l'Homme y passe à travers des forêts de solitudes
qui ne l'observent plus avec des regards familiers.

Comme de longs échos qui de loin se confondent
dans une ténébreuse et meurtrière unité,
vaste comme la nuit et comme la clarté,
les guerres, les bombes et les maux se répondent.

Il est des odeurs repoussantes comme celle de toilettes,
dures comme les cailloux, noires comme du charbon,
—et d'autres répugnantes comme une vieille mallette,

Ayant l'expansion des choses infinies,
comme l'océan, le ciel, le fleuve et le vide,
qui chantent les transports de notre vie si vide.

(St Andrews, 9 juin 2017)

Chaos du soir
(Conversation avec Baudelaire)

Voilà partir les moments où fixé sur sa tige
Le monde était encore un autel sacré ;
fondé sur la moralité et sur les mœurs sacrées.
Maintenant c'est le mal qui vibre sur sa tige.

Chaque valeur s'évapore ainsi qu'un encensoir ;
la terre frémit comme un cœur qu'on afflige.
Maintenant c'est le mal qui vibre sur sa tige !
La nature soigne et tue comme un grand reposoir.

La terre frémit comme un cœur qu'on afflige,
un cœur dur, qui aime le néant vaste et noir !
La nature soigne et tue comme un grand reposoir ;
l'humanité se noie dans son sang qui se fige.

Un cœur dur, qui aime le néant vaste et noir,
des futures ténèbres recueillent tout vertige !
L'humanité se noie dans son sang qui se fige…
Notre destin ne luit plus comme un ostensoir.

(St Andrews, 9 juin 2017)

POST-FACE

*L*es *Pleurs du mal* offrent un voyage bouleversant et régénérant dans une pensée poétique et politique qui commence avec le « Cameroun, berceau [des] ancêtres » du poète pour embrasser la planète, le bruit et la fureur qui la blessent et la souillent. « [S]on encre ne cesse de pleurer » et sa poésie s'écartèle entre la nature sacrée de Baudelaire qui a engendré la réécriture du titre du poète français, et la nature dévastée de notre monde qui saigne des coups assénés par notre espèce. Entre le sonnet classique du poète français, « Correspondances », et la force de la langue de Nsah Mala qui mêle français, anglais et langue Mbesa, lyrisme et langue du quotidien, qui jette à la face du monde ses violences et ses ordures, il y a bien une correspondance, celle des poètes qui écoutent le monde et se parlent au-delà des temps et des lieux dans une « conversation » jamais interrompue. Le poète n'hésite pas à lancer à la face du monde les ordures et les maladies qui déciment l'Afrique pour parler de la « culture de l'insalubrité ». Il y a du sang, du vomi, des excréments et des asticots dans cette poésie organique et vitale qui prend sa source dans l'humanité pour hurler sa vie, sa vie organique et sa vie spirituelle. Les larmes qui « inondent les vallées sèches » de nos indifférences sont là pour nous secouer et nous faire entendre la conscience.

La poésie de Nsah Mala fait entendre la vie, fait entendre la mémoire « des héros et des patrimoines oubliés », elle chante son amour du monde et son respect de l'autre, de l'esclave des siècles passés au migrant d'aujourd'hui. Sa poésie est aussi un hymne à la femme, celle « qui se laisse déchirer // afin que l'humanité puisse respirer », sa mère dans son village natal, resurgissant dans sa mémoire avec ses frères, assis « autour du four pour cuisiner le couscous, braiser le maïs, manger et discuter ». Le poète est enraciné dans sa famille comme il l'est dans le monde et dans la planète. Son encre fait couler ses larmes mais elle est aussi le sang de la vie qui soigne le monde blessé et torturé, qui redonne ce sang volé par les guerres et les violences et les systèmes économiques dévastateurs.

La poésie de Nsah Mala redonne la voix à tous les sans-voix du monde, elle refuse les divisions, les frontières et les séparations et elle connecte. La douleur crie dans les hommes tués sur les routes de goudron comme dans « le cadavre d'un oiseau sur une route humaine ». Humains et animaux non humains ne sont qu'un dans la souffrance généralisée du monde et les ânes que l'on transfère « comme des prisonniers au ventre de la nuit » racontent l'histoire tragique des hommes en même temps que la leur : « Ecoutez-nous, disent les ânes ». La poésie de Nsah Mala crie au monde d'écouter les humbles, les humains que l'on méprise, les ânes que l'on exploite, l'eau que l'on emprisonne. L'esclavage du fleuve raconte l'esclavage de l'Afrique. Rien n'est séparé, « le monde est rond comme une calebasse » et « les montagnes d'ici et de chez [le poète] se ressemblent ». Ces « montagnes vertes [qui] nous font signe », saurons-nous les voir ? Saurons-nous entendre la voix des ânes ?

L'encre de Nsah Mala « ne cesse de pleurer », de sa terre d'Afrique à la planète entière, et la force de sa poésie crie au monde pour que l'homme cesse de violer le temple de la nature de Baudelaire, de tuer cette nature où « l'humanité se noie dans son sang qui se fige ». Les lieux parlent au poète et lui soufflent les mots : Mbankolo, Perpignan, St Andrews, Edzell, Dakar, Saint Jacques de Compostelle, Bayreuth… L'itinéraire de vie devient cartographie poétique dans cette « Conversation avec Baudelaire » au-delà du temps, au-delà de l'espace. *Les Fleurs du mal* pleurent une encre de sang et de sève pour faire naître *Les Pleurs du mal*, qui secouent nos conforts pour nous montrer la voie à suivre. *Les Pleurs du mal* répondent aux *Fleurs du mal* pour « Dévoil[er] des secrets, reliant les générations // Comme les ponts relient les communautés » dans « la danse Bafia de l'humanité ! ».

Les « Correspondances » de Baudelaire sont la lettre à laquelle répond Nsah Mala pour la faire suivre à l'humanité et faire du sang versé une transfusion vitale de conscience : « [Il] écrit, laissant des traces comme un avion dans l'air », traces d'humanité qui racontent le monde pour conduire chacun à retrouver la voie du respect et de l'Amour de l'autre et du monde, pour retrouver la voix de l'oiseau et la force de l'eau.

Françoise Besson
Toulouse, 25 mai 2019

REMERCIEMENTS

Je remercie l'écrivaine Véronique Tadjo qui a cité mon poème « Marché mondial des maladies ! » dans son roman *En compagnie des hommes*, paru chez Don Quichotte en 2017 ; Mbizo Chirasha qui a publié mes poèmes « Dans quel camp ? », « Les Musées psychologiques » et « Un Début dans la fin en Afrique » dans *Miombo Publishing* en 2017 ; Claude Pillet et les autres membres du jury Malraux qui ont accordé **le prix spécial e-cahiers lit-téraires de Malraux.org 2017** à mon poème « Les Servants de l'État », publié avec « Le Combat vert » dans e-cahiers littéraires de Malraux.org en décembre 2017. Merci aussi aux initiateurs de l'ouvrage collectif *Cendres et mémoires – Ashes and memories* (2019) dans lequel figurent mon text « Triangle de la mort ». J'exprime aussi ma gratitude à Elise Hugueny-Leger et Elodie Laügt du Département de Français de l'Université de St Andrews qui m'ont invité à la retraite des étudiants de la création littéraire dirigée par l'écrivaine Lou Sarabadzic à la maison dite The Burn House dans la localité d'Edzell en Ecosse en 2017. Cette retraite m'a permis de rédiger les poèmes suivants : « Fleuve irréversible », « Un Chauffeur aveugle », « La Plainte des arbres », « Où est ça ? = Que quoi ? », « Tu as peur ? Oui. », « Une Randonnée à Edzell », « Je vois les ailes d'un avion. », « Arbre sans branches » et « La Retraite à Burn House ».

TABLE DES MATIÈRES

À PROPOS DE L'AUTEUR

Nsah Mala, né dans la partie anglophone du Cameroun, est auteur de quatre recueils de poèmes : Chaining Freedom (2012), Bites of Insanity (2015), If You Must Fall Bush (2016), et CONSTIMOCRAZY: Malafricanising Democracy (2017). Il était l'un des dix lauréats du concours littéraire organisé par le Ministère des Arts et de la Culture du Cameroun en 2016. Son poème « Les Servants de l'Etat » a remporté le Prix Spécial e-Cahiers Littéraires de Malraux en 2017. Ses textes figurent dans des revues et des anthologies telles que Scarlet Leaf Review, Tuck Magazine, Kalahari Review, Wales-Cameroon Anthology (2018), Best "New" African Poets Anthology (2018), Redemption Song – Caine Prize Anthology (2018), et Cendres et mémoires – Ashes and Memories (2019), parmi d'autres.

Printed in the United States
By Bookmasters